J.-IRÉNÉE AVIAS

MONSIEUR LE PRÉFET

(NOUVELLE)

PRIX : 1 fr. 50

1888

MONSIEUR LE PRÉFET

(NOUVELLE)

AVIGNON. — IMP. SEGUIN FRÈRES

J.-IRÉNÉE AVIAS

MONSIEUR LE PRÉFET

(NOUVELLE)

PRIX : 1 fr. 50

1888

PRÉFACE

Les pages qu'on va lire sont des pages de fantaisie et d'imagination, capricieuses arabesques de l'esprit s'enroulant autour d'une idée vraie, et dans lesquelles il m'a paru amusant de fixer en traits comiques, à dessein exagérés, la silhouette d'un personnage que le souffle de l'opinion publique menace d'une prochaine disparition : *le préfet.*

Car c'est, en effet, un singulier, un étrange, un incompréhensible et absurde contre-sens, dans un gouvernement démocratique, *gouvernement de tous par tous,* que ce *gouvernement de tous par un seul,* exercé dans chaque département, presque sans contrôle et dans une mesure illimitée, par un magistrat dans lequel s'incarnent à la fois les deux puissances renversées par la Révolution : féodalité, royauté.

Il était inutile de faire monter sur l'échafaud ducs,

comtes et barons, si l'on devait les remplacer, à moins d'un siècle de distance, par messeigneurs les tout-puissants préfets !

Et certainement, armé des circulaires qui centralisent dans sa main tous les pouvoirs, rangent sous ses lois tous les services, ne relevant que des ministres — fantômes impuissants que le caprice des majorités changeantes fait passer et repasser au Gouvernement avec la rapidité des personnages peints sur les verres d'une lanterne magique, — le préfet, immuable, n'est autre chose qu'un seigneur sans suzerain, qu'un petit roi absolu sans légitimité, sans mandat, sans aucune consécration de naissance, de popularité ou de valeur.

Un mauvais petit roi qui ne peut avoir de la royauté que les petits côtés, puisqu'il n'en saurait avoir l'éclat et n'en comprendrait pas la grandeur ; un seigneur parvenu ne voyant dans son titre nouveau que des droits à exercer, non des devoirs à remplir, et pressé de satisfaire ses instincts jouisseurs ; un représentant de la République, qui n'en pourrait saisir l'esprit de juste égalité, lui qui commande en maître, ne prenant conseil que de lui-même ; une essence concentrée, en un mot, de ce que chaque forme de gouvernement a de pire.

Peut-être dira-t-on que je noircis le tableau. Je consens volontiers à croire que les quatre-vingt-six préfets de nos quatre-vingt-six départements sont parfaitement honnêtes ; qu'il en est quatre-vingt-cinq qui sont justes, bien équilibrés, nullement autoritaires et point trop susceptibles. Mais il est possible après tout qu'il n'en soit pas ainsi ; que, s'il en est ainsi maintenant, cela ne soit prêt à changer bientôt ; ils peuvent en tous cas être impunément tout ce que je viens de consentir à croire que quatre-vingt-cinq sur quatre-vingt-six n'étaient pas : autoritaires, mal équilibrés, injustes et susceptibles.

Nous le savons trop : quand l'homme est tout-puissant, s'il n'est retenu par rien, il abuse de sa toute-puissance ; et quelle considération retiendrait un préfet qui n'a pas, comme un chef de gouvernement, sa gloire à ménager ?

Il y a, dans cet excès de pouvoir attribué sans contrôle à un homme seul, un danger réel ; il en découle ou peut en découler une foule d'ennuis, de vexations pour ses administrés, qu'il ne considère que comme un troupeau ; il peut en résulter, chose excessivement grave, une atteinte profonde à la dignité, à la liberté de conscience des serviteurs de l'État placés sous les ordres du préfet, sans aucun recours contre ce fonctionnaire, qui ne devrait être, en somme, que le simple président d'un comité formé par les chefs de service, et où il n'aurait point du tout voix prépondérante.

Il a, au contraire, tout ce qui est nécessaire pour jouer ce mauvais rôle de tyranneau, si tentant pour la nature humaine. Et pourquoi ne le jouerait-il pas ?

Le préfet qui sera tenté abusera de sa situation. Dans le récit qui suit je montre, en effet, un préfet livré à tous les excès que lui dicte sa fantaisie ; mais mon intention ayant été d'amuser, j'ai exagéré le type ; au lieu d'un portrait, j'ai fait une caricature. Néanmoins, l'idée que recouvre cette bouffonnerie est sérieuse, elle indique un abus ; puisse-t-il être bientôt supprimé !

Je préviens maintenant les lecteurs qui seraient tentés, se rappelant les mésaventures de ma revue *Oh ! oh !* — bien innocente hélas ! des sous-entendus qu'on a voulu lui prêter, — de chercher des allusions ou des personnalités dans cette fantaisie, qu'il n'y en a pas. Le préfet que je décris ici est un personnage de pure invention, se mouvant dans une action également imaginée de toutes pièces ; et cela se verra, du reste, aux premières lignes.

Je répondrais, d'ailleurs, si l'on insistait, que j'ai mille fois mieux à faire qu'à m'occuper des faits et gestes du Monsieur qu'on veut dire, personnage aussi autoritaire que peu sympathique, ridiculement susceptible et absolument fait pour nuire aux intérêts d'un gouvernement qu'il devrait, au contraire, s'efforcer de faire accepter et aimer, puisqu'il le sert.

J. Irénée Avias.

I

Les Trembleurs

— Tremblez ! dit le préfet s'arrêtant sur la porte et se retournant une dernière fois avant de pénétrer dans le mystère de son cabinet. Et dans les longs couloirs sonores, le chœur des voix gémissantes et soumises répondit :

— Nous tremblons, Monsieur le Préfet !

Un vent de terreur passait. Dans les hautes salles nues des bureaux de la Préfecture, les têtes plus pâles se courbaient, disparaissaient entre les larges feuilles des gros registres entr'ouverts, et l'on n'entendait que le grincement appliqué des plumes courant sur le vélin, la dent des grattoirs mordant les taches d'encre, ou de temps à autre un chuchotement rapide, une brève réflexion vite échangée.

— Tremblez ! répétaient les chefs de service. Et le silence se faisait plus grand encore, et les figures aux yeux effarés se courbaient davantage, plus pâles toujours, presque aussi blanches que le blanc vélin des registres ; et sur toutes les lèvres, tout bas, tout bas, passaient ces mots à peine proférés : — Nous avons un préfet à poigne !

— Nous avons un préfet à poigne ! disaient tout bas entre eux les pauvres employés consternés, et la triste nouvelle se propageait dans les bureaux de toutes les administrations. Mais dans la cité l'opinion se divisait : les uns se réjouissant de l'arrivée du nouveau fonctionnaire qui, assurait-on, accoutumé à la manœuvre du bâton, saurait faire marcher à la baguette les ennemis du gouvernement ; les autres songeant à la campagne à entreprendre, aux résistances à opposer, cherchant les ridicules du nouveau maître. En voyant le préfet et la préfète descendre de voiture, l'un très petit, gros et rond, tout en graisse, l'autre très grande, maigre, noire, osseuse, plus longue encore dans sa robe roide et plate, Monsieur de*** s'était écrié tout haut : « — Tiens ! ma boule et sa quille ! » Et le mot courait déjà dans les salons de l'opposition, soulevant des rires.

Cependant, en entrant dans la cité, Monsieur Beaulard, c'était le nom du nouveau préfet, eut comme une sorte d'éblouissement, et le germe d'une idée leva dans son cerveau, empourprant soudain sa figure ronde, dans laquelle ses deux yeux étincelèrent. Devant lui se dressaient, dorés par les derniers rayons d'un soleil au déclin, les remparts de la ville surmontés de hautes tours se profilant dans un inaltérable ciel bleu. Des chants d'orphéons et des éclats de fanfares, alternant avec le long bourdonnement des discours flatteurs et ennuyeux, retentissaient à ses oreilles, grossis d'un bruit de foule animée. Et, bercé par ce tumulte, accablé par la fatigue du voyage, devant ce semblant de fête triomphale, dans ce décor guerrier rappelant un temps où ducs et comtes, seuls maîtres chez eux, fièrement retirés derrière l'épaisseur des murailles bordées de fossés profonds et larges, défiaient jusqu'au roi, le préfet perdait peu à peu le fil des discours, s'oubliait dans son idée, voyait, dans une vision lointaine, un défilé pompeux traversant une foule enthousiaste dont les mille voix criaient : — Vive Beaulard premier ! Vive le roi !

Mais brusquement il revenait à lui. C'était par un vigoureux : Vive la république ! et non par : Vive le roi ! que le dernier orateur venait de terminer le dernier discours, semblable du reste à tous ceux qui l'avaient précédé. Prenant la parole à son tour, le nouveau préfet remerciait donc ses chers administrés de leur chaleureux empressement, les assurait de ses bons sentiments, de son dévoûment aux intérêts du gouvernement, surtout de la fermeté qu'il saurait montrer contre les ennemis de la République, qui, disait-il, étaient les siens. Et tout à coup, son écheveau dévidé, il s'arrachait aux félicitations, aux protestations, poussait son osseuse moitié sur les coussins graisseux d'un fiacre, y roulait après elle, et au trot boiteux d'un cheval poussif gagnait l'hôtel de la préfecture dans une marche qui ne rappelait en rien celle de sa vision.

Pourtant il ne l'oubliait pas, cette rapide vision, en gardait au contraire les yeux pleins ; et, si quelque observateur avait pu le voir, quand, devant les glaces de son cabinet de toilette, il s'arrêtait, redressant sa taille courte, gonflant sur son triple menton les petites vagues de son cou, immobilisé dans une attitude pleine de majesté, avec quelque chose d'auguste sur sa rouge figure glabre, il en aurait conclu avec raison que Monsieur Beaulard nourrissait des projets aussi secrets qu'ambitieux.

En attendant le moment de les mettre en exécution, le nouveau préfet prenait possession de son poste, répandant l'effroi autour de lui. Il terrifiait ses subordonnés. — « Avec moi, disait-il, il faudra marcher droit ou être brisé ; je me soucie peu d'être aimé, je veux être craint. » — Il les regardait, en disant cela, de ses petits yeux vert-bleu aux rayons perçants comme des vrilles, et les malheureux, s'inclinant jusqu'à terre, protestant de leur dévoûment, pensaient : « Nous allons être bien tourmentés, voici bien un préfet à poigne ! » — Les huissiers solennels, du plus haut de leurs voix criardes, criaient à tous : « Tremblez ! Tremblez ! » répétant le mot du maître ; et, dans les longs couloirs sonores, le chœur des voix gémissantes et soumises répondait :

— « Nous tremblons, Monsieur le Préfet ! »

II

Les Victimes

C'est qu'il était vraiment mauvais en diable, ce petit homme tout rond, joufflu comme une pomme, roulant de travers sur ses pieds qui semblaient trop faibles pour le porter. Dès les premiers jours il dévoilait son caractère, commençait à cracher son fiel ; et c'était bien l'aventurier politique attendu, l'homme que le centre de l'opposition signalait aux feuilles du pays avec ces quelques mots significatifs : Beaulard, capable de tout !

Son premier soin avait été de mettre des oreilles aux murs. Il estimait qu'un homme bien informé en vaut cent moins bien informés, et que tenir le secret des gens c'est tenir ces gens mêmes. Tous les bruits qui couraient la rue étaient pris au filet comme de simples papillons, piqués dans des cartons spéciaux à côté d'insectes plus rares, tels que : conversations de salon, causeries de boudoirs, confidences d'ami à ami, propos échangés à voix basse entre époux, le soir, dans le mystère des rideaux, chacun avec une indication spéciale, une date. Cela pouvait servir au besoin.

Cela servait en effet ; et cela servait tout d'abord à faire mettre Monsieur le Préfet dans des colères cramoisies. Quelques bonnes histoires qui roulaient sur son compte dans les bureaux, quelques plaisanteries salées sur ce nom de Beaulard si bien porté, causèrent des malheurs, firent on ne sait combien de victimes dans le petit monde des fonctionnaires et des employés.

Les malheureux se sentaient frappés à l'improviste, sans savoir d'où leur venait le coup. Les uns recevaient leur changement, et, du jour au lendemain, arrachés brusquement à leurs habitudes, à leurs relations, à leurs amitiés, dans un de ces départs forcés où l'on sème un peu de son cœur sur la route, s'en allaient les yeux rougis, vers quelque pays éloigné, vers quelque trou affreux, loin, bien loin, en disgrâce, en exil, suivis de leurs meubles à la hâte entassés pêle-mêle. Les autres, plus brutalement atteints encore, se trouvaient un beau matin tout bonnement rayés des cadres, mis à pied, avec la perspective de mourir de faim s'ils n'avaient pas d'autres ressources ; d'autres encore éprouvaient la sensation du cavalier qui sent son cheval crever entre ses jambes, demeuraient sans place parce que leur emploi venait d'être supprimé.

Quant aux indépendants, il naissait sous leurs pas des procès. A leur grande stupéfaction, ils apprenaient subitement qu'ils étaient accusés des actes les plus étranges, se trouvaient, à leur profonde surprise, être contrevenants à des arrêtés dont personne n'avait jamais ouï parler. L'un était traîné en police correctionnelle sous on ne sait quel faux prétexte de délit politique ; cet autre avait diffamé le préfet ; un troisième l'avait injurié.

Naturellement, le plus souvent le préfet obtenait gain de cause, et le « tremblez ! » des premiers jours, qui d'abord avait fait rire, paraissait déjà moins comique, prenait des résonnances lugubres. Déjà les cachots de la préfecture se peuplaient ; des gémissement sortaient des soupiraux, et dans la ville chacun mesurait ses actes, pesait ses paroles. La cité semblait en état de siège.

C'était justement ce que désirait le préfet.

Avant de s'engager vers le but mystérieux entrevu à son arrivée dans une minute d'éblouissement, de mettre à exécution ses plans déjà conçus et préparés, il voulait avoir ses coudées franches, être entièrement libre de ses actions, car il fallait qu'il n'y eût à redouter ni les bavardages des indiscrets, ni les commentaires malveillants de l'opposition, ni surtout les indiscrétions des familiers. Et pour cela il était nécessaire de tout frapper de crainte autour de soi, il était indispensable de couper toutes les langues. Les exécutions rapides de la première heure avaient parfaitement atteint leur but. Personne dans la cité n'osait plus desserrer les lèvres, et, sûr de n'être pas inquiété chez lui, en haut lieu, il avait moins à craindre encore. Il était assuré qu'on le laisserait marcher tranquillement dans sa route ambitieuse, deux ministères ayant déjà gravi et dégringolé les degrés du pouvoir. Oui, certes, la bataille des portefeuilles occupait trop les gouvernants pour leur permettre de s'arrêter aux réclamations et aux dénonciations dirigées contre les actes d'un préfet. C'était chose journalière, et leur temps n'aurait pas suffi s'ils avaient dû, avec tout le reste, s'inquiéter de ces misères.

En supposant même que la vérité arrivât jusqu'à eux, la chose était trop excessive pour paraître vraisemblable ; elle leur ferait sûrement l'effet d'une grosse plaisanterie. Sur tous ces points, Monsieur Beaulard n'avait donc rien à redouter.

Mais, après avoir montré dents et griffes, le gros homme s'adoucissait tout d'un coup, essayait d'un autre jeu, car il connaissait le cœur humain, et tâtait de la popularité. Roulant les rues de la cité dans ce même fiacre graisseux attelé du cheval boiteux, à cause duquel sans doute il avait obtenu une réduction sur le prix de la course, il faisait, en compagnie de sa sèche et noire moitié, de longues tournées de visites, prodiguant à ses administrés sourires et promesses, laissant entendre que son habit officiel avait deux poches, l'une d'où sortaient croix et rubans, honneurs et titres, si l'autre renfermait les verges de St-Nicolas, le fouet et les clefs de la prison.

S'exerçant de plus en plus, le soir, devant sa glace, au rôle de souverain qu'il se réservait dans cette burlesque comédie politique dont il était l'auteur et qui allait se jouer bientôt, il faisait aussi réparer et embellir l'hôtel de la préfecture, le disposait pour des réceptions, l'encombrait de bibelots, de meubles, le tout aux frais du département, bien entendu, car l'avarice et la cupidité étaient ses moindres défauts.

En même temps, et pour se créer à l'avance une cour, il inaugurait un nouveau genre de supplice : les visites obligatoires. A jour fixé, têtes baissées, l'air contrit, de longues files de victimes, femmes et filles de fonctionnaires, prenaient le chemin du palais préfectoral, allant à tour de rôle déposer leurs hommages forcés aux pieds de la préfète, larges et longs comme celui de la princesse Berthe, cette princesse Berthe qui filait.

Et cependant, malgré la fièvre que lui donnait la secrète mise en exécution de ses plans ténébreux, en dépit des hommages hebdomadaires et des flatteries de ses dépendants, le gros homme commençait à se sentir du vague dans l'âme.

III

Retour de Monaco

Tous les mois une nouvelle bonne entrait à la préfecture.

. . . .

Tous les mois une bonne sortait de la préfecture.

. . . .
. . . .

La préfète enfin prit un parti. La dernière bonne ayant repassé le seuil ne fut pas remplacée. Dès ce jour les repas furent apportés d'un hôtel voisin par un garçon en tablier blanc, et Monsieur et Madame Beaulard seuls à table, en face l'un de l'autre, lisant en mangeant et sans se regarder, ayant à leurs côtés une petite table basse sur laquelle ils se débarrassaient de ce qui les gênait et trouvaient des assiettes et des couverts de rechange, avec les plats posés sur des réchauds, simplifièrent ainsi leur service d'intérieur.

Le gros homme, du reste, était aisé à nourrir, ne supportant que le riz bouilli et les œufs frais. Et comme ces derniers étaient difficiles à trouver, cela donna l'occasion d'installer un volailler à côté de la volière et créa dans la préfecture une série de scènes comiques, d'incidents amusants, un mauvais plaisant ayant imaginé de laisser ouverte de temps à autre la porte du poulailler. Les poules s'échappaient, se faisaient poursuivre dans la solitude du grand salon officiel, le remplissant de leur caquetage courroucé, crevant les vitres et les glaces, renversant le lustre...

Mais Monsieur le préfet s'ennuyait. Le moment de jeter le masque, de dévoiler ses ambitieux projets n'était pas venu encore, car il ne fallait pas, en allant trop vite en besogne, compromettre le résultat final ; et la vie s'écoulait pour lui de plus en plus monotone et plate. Quelques rares parties de chasse à la poursuite de maigres poules d'eau, quelques languissantes soirées dansantes, c'était là une bien piètre compensation à l'ennui dévorant que rien ne rompait plus, tout étant autour de lui soumis ou dompté. Les longues journées se traînaient, semées de quelques conversations mourantes, où tous les familiers, de l'avis du maître quand même, applaudissaient avant qu'il eût parlé, et pour rien au monde n'auraient osé risquer une observation personnelle, une remarque contraire à l'opinion de Monsieur le préfet. Les journaux de l'opposition eux-mêmes se renfermaient dans un dédaigneux silence, affectaient de ne plus s'occuper de lui, comme s'il n'eût pas existé, et l'ennui le prenait, un ennui atroce, un ennui mortel, qui le serrait à la gorge, lui tenait la bouche grande ouverte dans un bâillement sans fin, dans un baillement de tigre repu qui s'ennuie.

La dame de cœur ne lui suffisait pas, la dame de pique lui paraissait fade ; les rares admis à l'honneur de faire la partie de Monsieur Beaulard n'osaient gagner, écartant volontairement les atouts et les rois, de sorte que le préfet ne perdait jamais. Mais les enjeux étaient insignifiants et cela l'ennuyait plus encore.

Avare, avide à la fois d'émotions et de gain, il songeait sans cesse à cette autre dame de pique dont le culte se célébrait là bas, sur un autel où roulait l'or, dans un pays fleuri des fleurs du citronnier et de l'oranger, rêvait de cette petite ville avancée au milieu des flots bleus d'une mer murmurante, posée comme un nid sur son rocher.

Et le démon du jeu qui le tentait le vainquit enfin. Un beau matin, sous un prétexte, il boucla sa valise et gagna Monaco.

Las ! hélas ! ce ne fut pas long !

En rien de temps, le petit monstre capricieux, coquet, cruel et toujours affamé, la roulette le tordit, le vida, le dépouilla, le pluma, pauvre pigeon échappé, le renvoya d'où il était venu sans un denier, sans un maravédis, nu comme un petit saint Jean, ayant perdu et son manteau et sa culotte.

Mais le retour surtout fut terrible. Il rentra de nuit, la tête basse, contrit, confus, honteux comme un renard qu'une poule aurait pris, se préparant à la scène qui l'attendait, en effet, et qui éclata sur son front coupable, comme un orage chargé de grêle et d'éclairs.

Profitant de l'occasion, la grande femme déclara qu'à l'avenir elle serrerait les cordons de la bourse, qu'elle se souciait peu de fournir à Monsieur l'or qu'il jetait à ses maîtresses ; et, se grisant de sa colère, s'abîma finalement dans un déluge de pleurs suivi d'une violente attaque de nerfs.

Ce fut la fin de l'orage, mais la foudre avait dû tomber.

Un redoublement de rigueurs marqua cet incident, qui laissa longtemps sur le front de Monsieur Beaulard un nuage sombre, et quelques consciences inquiètes et qui déjà se rassuraient se remirent à trembler. Ce n'était pas en vain, car de nouveau les cachots se refermèrent sur de nouvelles victimes, de nouveau des disgraciés prirent la route de l'exil. Mais cela ne rendait pas à Monsieur Beaulard ses quarante mille francs bien perdus.

IV

La Censure

I

— Vous dites qu'il vient d'être soumis une pièce à la censure ?
— Oui, Monsieur le Préfet.
— Un drame ?
— Non, Monsieur le Préfet.
— Une tragédie ?
— Non, Monsieur le Préfet.
— Une comédie ?
— Non, Monsieur le Préfet : une revue.
— Une revue ! Ah ! ah !
— Ah ! ah !
— Vous dites ?
— Ah ! Ah ! Monsieur le Préfet. C'est justement le titre de la pièce.
— Tiens ! c'est assez bête !
— Oui, Monsieur le Préfet.
— Bien, censurez avec soin. Coupez sans crainte, et surtout n'oubliez pas ceci : dans une revue locale

il ne doit être question d'aucun personnage en évidence ; il ne doit être fait allusion à aucun évènement récent ; la scène ne doit pas se passer dans le pays. Qu'il n'y soit parlé ni de politique, ni de religion, ni de sciences, ni de littérature, ni d'art, ni d'autre chose ; à ces seules conditions, nous en autoriserons la représentation. Allez.

— Oui, Monsieur le Préfet.

— Ah ! attendez. Quel est l'auteur de cette revue ?

— C'est un Monsieur Pruneau, Monsieur le Préfet.

— Un Monsieur Pruneau, connais pas. Que fait-il ce Monsieur Pruneau ?

— Il est attaché à l'inspection des pains à cacheter, Monsieur le Préfet.

— Bien. Dans ce cas nous le tiendrons toujours. Allez maintenant.

— Oui Monsieur le Préfet.

II

— Vous avez lu la pièce ?

— Oui, Monsieur le Préfet.

— De quoi parle-t-elle ?

— De rien, Monsieur le Préfet.

— En combien d'actes dit-elle tout cela ?

— En cinq actes, Monsieur le Préfet.

— Avec des jeux de mots, j'imagine ?

— Oui, Monsieur le Préfet.

— Neufs ?

— Oh ! non, Monsieur le Préfet, usés ; ils sortent de l'almanach.

— Très bien. Vous n'avez rien vu de séditieux ?

— Non, Monsieur le Préfet.

— Vous avez pesé toutes les syllabes, retourné tous les mots, fait l'anagramme de toutes les phrases ?

— Oui, Monsieur le Préfet.

— Et la pièce est bien conforme à la définition du genre ?

— Oui Monsieur le Préfet, l'œuvre est bien conçue selon la formule ordinaire des revues : propos interrompus sur de vieilles rengaines ; insipide, incolore et inodore.

— Bien ! Apportez-moi le manuscrit.

Trois jours après *Ah ! Ah !* revue était autorisée. Quinze jours après, la première représentation avait lieu.

III

C'est après la quatrième représentation. Un coup discret est frappé à la porte du cabinet préfectoral, où bâille Monsieur Beaulard dans le repos pénible d'une digestion laborieuse.

— Entrez !

— Ah ! Monsieur le Préfet ! Monsieur le Préfet !

— Quoi donc !

— Ah ! Monsieur le Préfet, il se prépare un grand scandale.

— Comment ça ? Quel scandale ? A propos de quoi ? Mais voyons, parlez, parlez.

— Ah ! Monsieur le Préfet. C'est que j'ose à peine...

— Mais allez, allez donc ! Vous me faites bouillir !

— Eh ! bien, Monsieur le Préfet... Dans la revue...

— Dans la revue ?

— On vous blague, Monsieur le Préfet.

— On me blague, moi !! Et monsieur le préfet court sus au porteur de la mauvaise nouvelle, qui, fort effrayé, recule vers la porte.

— Ah ! on me blague ! Et comment me blague-t-on, s'il vous plaît ?

— Ah ! Monsieur le Préfet, c'est au troisième acte. L'actrice qui imite Sarah-Bernhardt, dans son invocation à la poésie, termine sa tirade par ces deux vers :

« Oui, même après ma mort, jusque dans le tombeau,
« Moi prêtresse de l'art, je proclame l'art beau ! »

— Eh bien ! je ne vois pas.

— Ah ! Monsieur le Préfet ! mais le chœur répond : « l'art beau ! »

— Je ne vois pas davantage.

— Mais, Monsieur le Préfet, l'art beau, l'art beau, ça fait Beaulard !

— Ah ! oui, oui. L'art beau ! Beaulard !! Beaulard !!! L'art beau !!!!

Oh ! — Et monsieur le préfet marche à grands pas dans le cabinet, en proie à une tumultueuse agitation, les dents serrées, les poings fermés. Tout à coup il s'arrête :

— Et le public, comment accueille-t-il la chose ?

— Il ne s'en est pas aperçu. Vous comprenez, c'est une allusion voilée, Monsieur le Préfet.

— Est-ce que les acteurs soulignent le mot ?

— Ils n'ont pas l'air de se douter de ce qu'ils disent, Monsieur le Préfet.

— Alors, comment avez-vous vu qu'il y avait là une allusion ?

— En écoutant attentivement, et dans votre intérêt, Monsieur le Préfet. Vous connaissez mon dévoûment ; il n'y aurait rien eu, que j'aurais quand même découvert quelque chose. Laisserez-vous continuer les représentations ?

— Oui. Le public ne s'est aperçu de rien ; si l'on interdisait la pièce, il chercherait et trouverait. Et il ne faut pas qu'il trouve, Monsieur, il ne faut pas qu'il trouve. Beaulard ! L'art beau ! L'art beau ! Beaulard !

— Et l'auteur, Monsieur le Préfet ?

— Ah ! l'auteur ! qu'il s'en aille ! qu'on lui arrache ses pains à cacheter, qu'on le chasse. Qu'il disparaisse. Que je n'en entende plus parler jamais, jamais ! Beaulard ! Beaulard !! Beaulard !!!

Et le Préfet, rouge de rage, ou plutôt presque noir, levait au ciel ses petits bras courts en agitant ses doigts comme s'il eût voulu déchirer le malheureux Pruneau. Les vagues de son cou se gonflaient d'une façon désordonnée sous la poussée violente du sang ; il respirait bruyamment, et finit par tomber à demi étouffé dans un fauteuil, répétant à mi-voix sans trêve : Que je n'en entende plus parler, jamais, jamais, jamais !

V

En Villégiature

L'opposition dédaigneusement silencieuse, les familiers prudemment muets, la ville entière autour du Préfet semblait depuis des mois endormie dans une vertu paisible et bourgeoise, comme enveloppée d'un grand voile d'ennui triste, et la vie de chacun allait son petit train banal, sans bruit, sans secousse.

Les banquiers tripotaient honnêtement de rares affaires, les calicots aunaient avec équité quelques mètres d'étoffe péniblement vendus à grand renfort de boniment, les revendeurs faisaient bon poids, se disputant les acheteurs de moins en moins nombreux, les voleurs respectaient les serrures, sachant que l'argent n'avait jamais été si soigneusement gardé. Bref, la confiance n'allant plus, rien n'allait, et les plaideurs eux-mêmes faisaient trêve, pris de doute.

Aux portes du palais de grosses araignées tissaient leurs toiles ; les avocats, d'un air éteint et lassé, passaient et repassaient comme des ombres noires, et les juges désœuvrés erraient dans les salles et les couloirs solitaires, croisant leurs bras sur leurs gros ventres.

Oui, on s'ennuyait ferme. Il semblait qu'un affreux

vent anglais soufflant sur la petite cité, jadis si animée, si bruyante, si joyeuse, avait éteint tous ses éclats de rire sous son haleine glacée.

Et, cause de cet ennui mortel, de cette torpeur lourde, Monsieur le Préfet à lui seul s'ennuyait plus que tous ses administrés réunis. Couché à huit heures du soir, presque en même temps que ses poules, et levé fort tard, ses journées se passaient, coupées de légers sommeils sur le fauteuil du cabinet préfectoral et de quelques courtes promenades, en compagnie d'un gros épagneul blanc tenu en laisse à l'aide d'une corde à puits et qui, dans ses essais de gambades, faisait rouler deçà et delà, sur ses pieds faibles, Monsieur le Préfet, comme une énorme boule.

Certes, maintenant, le moment approchait où Monsieur Beaulard pouvait réaliser audacieusement tout ce qu'il avait conçu ; mais l'excès de prudence ne nuit jamais, et, pour que l'éclat qu'il voulait donner à l'événement ne surprît pas, il fallait le confondre avec le bruit d'un événement général, ne pas lui permettre de dépasser les limites du département, choisir l'heure où les journaux étaient remplis d'échos de salves, d'acclamations, de pétillements de feux d'artifice. Il avait résolu de détourner à son profit les manifestations publiques de la fête nationale. Mais, dans l'attente de ce jour, Monsieur le Préfet se morfondait, crevait d'ennui.

Après les cruautés de la dame de pique, il s'était

retourné vers la dame de cœur. La dame de cœur lui était moins cruelle ; pourtant il ne la possédait pas comme il l'eût voulu. Les oreilles et les yeux qu'il avait mis aux murs se retournaient contre lui, le regardaient, l'écoutaient ; le maître, à son tour, se sentait surveillé, rageait, mais depuis le retour peu triomphal de Monaco n'osait rien dire.

Un voyage ferait diversion peut-être à ce malaise, à cet ennui. Un beau soir il se résolut à faire une tournée dans ses états, tomba à l'improviste dans la sous-préfecture la plus éloignée.

Il fut reçu vous pensez comme !

— Monsieur le Préfet dans nos murs ! Quel bonheur ! quel honneur ! quelle faveur !

Et vite, vite toute la sous-préfecture est sens dessus dessous. Les poulets dont on coupe la gorge crient et se débattent dans les cuisines ; les hôtels, les magasins de pâtissiers sont mis au pillage ; servantes, marmitons courent de tous côtés affairés, effarés, et dans quelques instants un festin s'improvise en l'honneur de Monsieur le Préfet.

Madame la sous-préfète décide qu'elle cèdera sa propre chambre, trop heureuse de faire ce sacrifice à l'illustre visiteur. On ne sait qu'imaginer pour lui plaire.

Cependant Monsieur Beaulard, contrairement à ses habitudes, reste confus, embarrassé de tant d'attentions. Il s'excuse, prie qu'on ne se dérange pas pour lui, qui ne vit que de riz bouilli et d'œufs frais, et à mesure que l'heure marche devient de plus en plus troublé. Il insiste surtout pour que Madame la sous-préfète conserve son appartement. Les hôtels de la sous-préfecture sont excellents. Vous pensez qu'on n'accepte pas. On le tient, on ne le lâchera pas. Pourtant, avant de se retirer dans sa chambre, il demande à s'isoler, pris d'une légère migraine, éprouvant le besoin de respirer l'air frais.

Bien ! un garçon attendra Monsieur le Préfet. — Non, non, il saura s'organiser seul, il le désire absolument. Et on laisse enfin libre Monsieur le Préfet.

Levé avant l'aurore, le personnel de la sous-préfecture s'agite, va, vient, organisant à l'hôte encore endormi un réveil digne de lui. Le maire a passé sa nuit à écrire un discours de circonstance, les pompiers sont sous les armes, et la moitié de la ville, groupée sur la petite place, attend impatiemment la fanfare qui doit venir jouer sous les balcons de l'hôtel les plus beaux morceaux de son répertoire.

De longs moments se passent, le soleil monte à l'horizon. Dans la chambre d'honneur rien ne bouge, et c'est heureux, car la fanfare est en retard. Enfin, après une longue attente, un volet s'entr'ouvre à peine. Aussitôt un long mouvement se produit, un murmure exclamatif à demi étouffé court dans la foule satisfaite, va et revient, pareil aux ondulations des blés sous le vent ; Monsieur le maire remonte son écharpe, déplie son discours et tousse ; les pompiers se redressent, crispent leurs doigts sur leurs fusils, et le soleil en même temps rayonne sur leurs casques de cuivre, les allumant d'un reflet d'incendie.

Pan ! pan ! un bruit de porte. Le préfet qui sort de son appartement. Toc, toc, toc ; un bruit de pas. Le préfet qui descend l'escalier.

Et tout à coup. Oh !....

Des exclamations indignées, des bras scandalisés qui se dressent au ciel, et sur le seuil de la sous-préfecture apparait une dame galante fort connue que la foule salue de huées, cependant que la fanfare qui accourt enfin, trompée par ce remûment, entonne en marchant vite, pour arriver à temps, des variations sur le motif bien connu de Faust :

« Salut ! demeure chaste et pure ! »

VI

LE DROIT DU SEIGNEUR

La dame de cœur faisait de nouveau des siennes ; le fruit vert tentait le gros homme, et le gros homme ne savait pas résister à la tentation . . . .
. . . .

C'est l'heure lente où le soleil, tel qu'un dieu blessé, calme et s'endormant dans le refuge de son immortalité, en laissant couler de son flanc divin des torrents de vivante pourpre, descend à l'horizon épaissi, s'enfonce dans l'amas des vapeurs qu'il embrase, et s'éteint, jetant au ciel un rayonnement de gloire infinie.

La chaleur du jour tombe peu à peu ; déjà un vent vivifiant et frais se lève léger, et court et vole suivant le fleuve.

Et c'est, sur la peau moite encore, ce vent qui passe, comme une infinité de caresses parfumées et très douces. Des milliers de petites lèvres semblent baiser longuement, lentement, vos lèvres, vos paupières, vos joues, votre cou, vos bras ; des vols innombrables d'invisibles follets tourbillonnent autour de vous, les mains pleines de fleurs, et font de chaque feuille un éventail coquet qui bat mollement l'air.

Et quelle heure l'amour pourrait-il sonner plus tentante, plus remplie de désirs, de transports, plus faite pour la vie, — puisque aimer, et seulement aimer c'est vivre, — que cette heure délicieuse où le soir, égrenant les étoiles, estompe l'horizon, voile les objets, étouffe les bruits du jour ?

Oh ! se serrer les mains dans l'ombre, assis l'un près de l'autre, se parlant bas, tout bas quoique seuls ! Oh ! presser sur son cœur avide un jeune cœur qui palpite, timide, ignorant tout encore, qui veut et ne sait pas ; sentir sous ses lèvres enfiévrées des lèvres innocentes qui s'ouvrent au baiser, comme la fleur au vent, embaumées et vermeilles ! Et quelle ivresse comparable à l'ivresse qu'on boit à deux dans la même coupe, en riant du seul rire fou qui fuse de la bouche folle d'une compagne si jeune que le reflet réchauffant de sa jeunesse ardente fait renaître en vous-même vos vingt ans disparus ? . . . . .
. . . .

Sous un berceau de verdure entendez-vous ces joyeux bruits de baisers et de rires amoureux montant à travers les rameaux frémissants comme un gazouillis d'oiseaux jaseurs et tendres se becquetant et s'aimant dans la mousse d'un nid caché ? Mais silence ! C'est ici que, loin des soucis, du tracas des affaires graves, déridant un instant son front chargé d'ennuis,

d'ambitions vastes, le seigneur vient effeuiller la pâquerette, fleur d'amour, et, sur des lèvres à peine éveillées aux caresses et que le pétillement du champagne vient de rendre plus vermeilles encore, dérobe les prémices d'une floraison de baisers . . . . . .
. . . .

Les sentiers que suivent le soir les amoureux enlacés ont parfois des tournants inattendus et tragiques, et la colère d'un père outragé est terrible ; mais le droit du seigneur est le droit du plus fort, et qui dira au lion : « Tu as eu tort de manger cette gazelle ? . .

. . . .

VII

Apothéose

Le temps marche, l'heure solennelle s'avance. Tout est prêt, il ne reste plus qu'à exécuter, qu'à surprendre les esprits par la promptitude et la vigueur du coup inattendu. Le préfet, d'ailleurs, est sûr de son chemin. Dans la cité, comme dans le département, les dernières résistances sont vaincues, les âmes préparées à tous les événements, disposées à tout voir sans s'étonner de rien, s'attendant à tout.

Un troisième ministère vient de crouler sous l'attaque d'une majorité subitement hostile, ouvrant ainsi la perspective d'une longue période d'oubli aux entreprises de M. Beaulard. Les derniers ordres sont donnés, les créatures averties. Et maintenant de l'audace, encore et toujours de l'audace !

C'est la veille de la fête nationale. Sans trêve, sans répit, avec une hâte fiévreuse, depuis des jours déjà on travaille ; et les habitants s'étonnent, s'émerveillent de la richesse particulière de ces préparatifs qui paraissent devoir surpasser de beaucoup tout ce qui a été fait les années précédentes. Et cependant ce n'est pas tout encore. Subitement, dans cette nuit dernière, au moment où, sagement retirés dans leurs demeures, les citadins s'endorment, comme un essaim d'abeilles bourdonnantes, actives, affairées, des troupes d'ouvriers se répandent dans la ville, qui résonne sous le bruit rythmé des marteaux, sous le strident grincement des scies. Et bientôt, ainsi que sous le coup de baguette magique d'un enchanteur, des arcs de triomphe merveilleux s'élèvent de toutes parts, tandis que sur la grande place une estrade immense se dresse au centre d'un amphithéâtre aux gradins étagés et que le monument mystérieux, auquel de nombreux travailleurs se consacrent il y a des mois derrière un haut abri de planches, se dépouillant de son voile de bois, apparaît aux rayons de la lune sous la forme d'un temple magnifique. Et partout, une profusion de drapeaux, d'étendards et de fleurs ! Mais, chose singulière, tous les drapeaux diffèrent légèrement du drapeau national, ou plutôt le drapeau national est uniformément agrémenté d'armes particulières entourées d'une étrange devise.

Enfin, le soleil de ce jour si attendu se lève. Vingt et un coup de canon le saluent. Aussitôt les portes de la préfecture s'ouvrent à grand bruit, et, suivi d'une petite troupe de cavaliers montés sur des chevaux pompeusement harnachés, un homme en sort dans le costume d'un héraut. Aux carrefours et sur les places, les cavaliers s'arrêtent, soufflent dans des trompes qu'ils tiennent à la main, gonflant leurs joues comme des dieux marins, et, d'une claire et haute voix, l'homme en héraut lit à la foule accourue une proclamation qui met sur tous les visages une expression d'étonnement extrême, d'indicible curiosité :

« A tous habitants de cette cité noble et belle,
« Sous notre bon plaisir, sous la loi de notre seul
« caprice, prenant en ce jour couronne et titre de roi,
« et rang divin de grand pontife d'un culte nouveau
« à tous imposé comme unique salut dans ce monde
« et dans l'autre, ordonnons de se rendre en hâte au
« lieu où nous plaît d'abord être sacré, en place
« grande de la cité, sous peine de mort aux man-
« quants.
« Signé : Beaulard Ier. »

— Vive Beaulard Ier ! répondent en écho dans la foule les voix de quelques créatures. Et chacun s'interroge. Que veut dire cela ? Les suppositions vont leur train. — C'est un épisode de la fête. — Une grande pantomime, dit l'un ; une représentation de quelque scène historique, dit l'autre, l'entrée triomphale d'un roi dans sa capitale. Et les cerveaux travaillent, s'égarant tous bien loin de la vérité qu'ils ne peuvent concevoir. Cependant les devises inscrites sur les drapeaux frappent quelques esprits, les font réfléchir.

Huit heures sonnent. De nouvelles salves sont tirées. A la voix grave et retentissante du canon, la voix claire ou bourdonnante des cloches se joint soudain, envolée de tous les clochers à la fois. Au même instant de bruyants cliquetis d'armes suivent des commandements guerriers, des clairons éclatent en fanfares, et, au milieu d'une haie d'hommes en armes, dans les rues jonchées de fleurs, un cortège pompeux sortant du palais de la préfecture, lentement, au pas de chevaux qui recourbent leurs têtes sous les rênes serrées en blanchissant d'écume leur mors argenté, se dirige vers la grand'place suivi de la foule qui se précipite avec lui dans l'amphithéâtre, envahit les gradins.

Sur la haute estrade, vêtu de pourpre, sa figure ronde et animée, rouge aussi d'une pourpre vivante, Monsieur Beaulard est assis sur un trône en velours, entouré de ses familiers, en habits de seigneurs, placés plus bas, à ses pieds.

— Silence ! crient des hérauts. Et la foule se tait curieuse, vaguement émue, car déjà les créatures du préfet ont dit, — et ce bruit se répand avec la rapidité du feu mis à l'extrémité d'une traînée de poudre, — que ce qui va se passer n'est pas du tout un jeu. D'aucuns, timidement, songent à une révolte, mais se taisent aux premier mots au coup des armes frappant le sol.

— Silence ! répètent les hérauts, bien que tout se soit tu, et Monsieur Beaulard majestueux se lève, étend un bras et parle.

— Peuple, dit-il, ce que je veux, c'est ton

bonheur, c'est ton indépendance absolue; tu n'auras pas d'autre maître que moi.....

Il parle ainsi longuement, dévoile au peuple stupéfait, ahuri, épouvanté, ses grands projets : — Le département sera royauté, la ville capitale. Il règnera en père, mais malheur aux rebelles !.....

Posant enfin sur sa tête de plus en plus empourprée une couronne de fer : — Je la prends, prononce-t-il, gare à qui la touche !

Les épées des gardes flamboient au soleil, les clairons sonnent, le canon tonne au loin, et les créatures du nouveau souverain crient dans le silence terrifié de la foule : Vive Beaulard Ier ! Vive le roi !

Puis le cortège se reforme, se dirigeant cette fois vers le monument dévoilé, jetant sur son passage en signe d'allégresse des pièces d'or, d'argent, de cuivre à l'effigie du préfet-roi.

Dans ce monument, où la foule le suit, se dresse un autel. Au pied de cet autel est un trône doré sur lequel il prend place. Un chœur s'élève; des hommes vêtus de bleu, prêtres de la religion nouvelle, cérémonient, balancent des encensoirs d'argent dont la fumée d'encens enveloppe le trône, et se prosternent. S'adressant alors aux assistants, Beaulard Ier indique les bases de cette religion nouvelle dont il est l'apôtre et le grand pontife et qui portera son nom. Le Beaulardisme sera la religion du nouveau royaume, et nul n'en pourra avoir d'autre. Il en indique les rites.

L'auguste cérémonie terminée, le peuple est livré à ses réjouissances.

Des tables chargées de mets, des fontaines d'où le vin coule à flots par la gueule ouverte de dauphins de pierre, et jusqu'au soir des danses et des chants.

Enfin, la nuit arrive, des fanfares retentissent encore, une nouvelle salve est tirée, et à ce signal des gerbes de lumière s'allument dans les rues, les monuments s'illuminent, les feux de bengale embrasent toute la ville.

Et tout à coup, un feu d'artifice éclate, tel qu'on n'en vit jamais, soulevant les bravos de la foule un moment conquise.

Mais c'en est trop pour le nouveau roi. Brisé par cet excès d'émotions, par toutes ces joies d'orgueil satisfait, le cerveau brusquement envahi par l'afflux du sang, Beaulard Ier tombe tout à coup sous une attaque de foudroyante apoplexie. Il tombe enveloppé dans son triomphe, au moment même où, dans une glorieuse apothéose, au milieu de l'explosion éblouissante de mille traits de feu montant aux étoiles et retombant du ciel en pluie d'or et d'argent, une statue géante surgissait au centre de flammes s'élevant jusqu'aux nues, la statue même de Beaulard Ier couronné, tenant dans une main le globe du monde, dans l'autre, la large épée à deux tranchants. Et il meurt, tandis que la foule, tout entière à la splendeur du spectacle qu'elle a sous les yeux, oublieuse de toute autre chose au monde, éclate en cris frénétiques et salue d'applaudissements et de vivats ces mots tracés en larges lettres flamboyantes autour de la tête de la statue géante :

VIVE BEAULARD I%%er%%, ROI DE LA RÉPUBLIQUE !

28 Avril 1888.

FIN

TABLE

		Pages.
	Préface.	5
I.	Les trembleurs.	11
II.	Les victimes.	15
III.	Le retour de Monaco	20
IV.	La censure	24
V.	En villégiature.	30
VI.	Le droit du seigneur.	35
VII.	Apothéose	38

OUVRAGES DU MÊME AUTEUR

Nouvelles avignonaises, 1 vol., Albert Savine, éditeur, 2ᵉ édition. Prix : . . . . 3 fr.

EN PRÉPARATION

Les griffes d'or (roman).
Dans les tisons (nouvelles).

www.ingramcontent.com/pod-product-compliance
Lightning Source LLC
Chambersburg PA
CBHW070704050426
42451CB00008B/495